TECNICAS DE VENTA ORGANIZADA

©Derechos de Autor

Abril de 2014.

Simón Castillo

Ingeniero Electrónico, Instituto Universitario Politécnico de Barquisimeto, 1982, Barquisimeto, Venezuela

Magister Scientiarum Ingeniería Industrial, UNEXPO, 1993, Barquisimeto, Venezuela

Docente Diplomado en Educación Superior, UPEL –IPB, 2009. Barquisimeto, Venezuela

Vendedor Profesional y Facilitador en Ventas.

Email: xtrading@yahoo.com

Twitter: *@simoncastillont*

Dedicatoria,

A mis hijos, a mi descendencia futura, a aquellas personas que se inspiran cada día en su fortaleza interior, para lograr objetivos en la vida que solo parecían sueños imposibles de alcanzar para otros. Esa fortaleza interior, guiada por Dios es como la del espíritu de un vendedo,r fortalecido con las herramientas para lograr sus más ansiados sueños.

Simón Castillo

INDICE GENERAL.

TÉCNICAS DE VENTA DIRECTA ORGANIZADA

1.- Origen de La Venta

La venta surgió desde los comienzos de la historia a partir de la necesidad del intercambio y Adquisición de bienes tales como pieles, especies, granos, ganado entre otros productos. Los mercaderes son mencionados en la historia universal en las culturas de los griegos, fenicios, judíos, árabes y persas entre otros.

Con el invento del dinero como medida de valor de las mercancías, el comercio entre los pueblos se fue incrementando y de esta manera eran cada vez mayor las habilidades que debían tener los vendedores en el comercio de bienes perecederos y no perecederos.

La profesión del vendedor ha estado rodeada muchas veces de leyendas y secretos misteriosos en gran parte por la falta de comprensión de un arte que cada vez se apoya en la ciencia para ser transmisible a futuras generaciones.

1.1- ¿Que significa Vender?

La venta, en su sentido amplio comprende el proceso mediante el cual influimos en una o más personas para que realicen una acción deseada. En sentido restringido y tal como generalmente lo conocemos, comprende un proceso para que un prospecto de cliente compre el producto o servicio que ofrecemos

1.2- Los Tipos de Venta

Existen diversas formas de vender las cuales dependen de la forma como el cliente accesa el producto o servicio y como es tomada la decisión de compra.

1.2.1- *Venta de Consumo Masivo*

Aquí la fábrica o comercializadora establece canales de distribución tales como : Mayorista – Minorista – Detal. El Público es informado de los beneficios de los productos a través de la publicidad. Los vendedores facilitan el proceso de recepción de pedidos y su influencia en la decisión de compra es apoyada por medios publicitarios, promociones, merchandisers y la logística de distribución de la empresa.

1.2.2- *Venta Misionera*

Aquí el vendedor tiene la función de informar los beneficios de los productos a quien toma la decisión de compra. Este es el caso de la Visita Médica donde el médico es quien decide que prescribe al paciente en función de la información que le aporte el Visitador Médico y el laboratorio que patrocina los productos.

Puede ser apoyada o no a través de publicidad bien sea por medios especializados o no, o en el punto de venta como lo es la farmacia, donde puede haber o no agentes merchandisers que puedan influir en la prescripción.

1.2.3- *Venta Técnica/Comercial*

Aquí el comprador es generalmente una empresa o institución que establece un procedimiento de adquisición, donde participan uno o varios departamentos, la decisión de compra generalmente se basa en una matriz de decisión donde se considera el costo, garantía, servicio, repuestos entre otros.

Aquí la venta es de productos o servicios con un nivel de especialización que demanda cierto conocimiento técnico del vendedor dependiendo de su naturaleza. Cuando los productos o servicios requieren de poco nivel de especialización se denomina Venta Comercial.

1.2.4- *Venta Directa*

Aquí la venta es impulsada a través de vendedores quienes interactúan con personas y/o empresas para influir en la adquisición del producto o servicio. Tiene un elevado componente emocional. En esta categoría están además algunas personas de profesiones de ejercicio libre como ingeniería, derecho, contaduría, médicos, masoterapeutas, etc.

1.2.5- *Venta Multinivel*

Aquí la venta es una combinación de venta directa de productos y en mayor proporción la venta de la oportunidad de negocios. El multinivelista como se denomina el vendedor por multinivel, debe tener ciertas características de liderazgo personal, formación en los productos, formación en la oportunidad de negocios, ser motivador, entusiasta y autogestionador de su actividad, ya que normalmente es quien planifica y gestiona su actividad por cuenta propia apoyada o no por la empresa de multinivel.

En el caso que nos ocupa, se destacará en el resto de este libro, el proceso de Venta Directa en la cual va implícita en mayor o menor grado en los otros tipos de venta.

La característica primordial por la cual se identifica, es que existe un elevado componente emocional en la decisión de compra, puesto que quienes compran son personas o bien personas que representan instituciones con suficiente autoridad para tomar decisiones de compra. La venta directa realizada en forma organizada se denomina en este libro Venta Profesional.

Antes de abordar el Sistema de Venta Profesional, es conveniente hacer una retrospectiva del comportamiento de las personas, las formas de comunicación y factores culturales.

2. - Factores que Influyen en la Decisión de Compra.

El ser humano percibe el entorno que lo rodea por intermedio de sus sentidos. El cerebro interpreta la información recibida por los sentidos. Es posible afirmar con buen grado de certeza que quien ve, oye, o siente es el cerebro y no el sentido correspondiente. Más adelante observaremos que ese proceso de percepción está también influido por paradigmas, prejuicios y experiencias previas del receptor.

2.1- Canales de Comunicación

Seguidamente estudiaremos los canales de percepción de la información por una persona, para comprender la importancia del o los canales de comunicación durante el proceso de exposición de ventas.

2.1.1- *Visual*

Es la información percibida por vía visual. La mayoría de las personas tienden a preferir este canal como vía de percibir información. El adagio " Una imagen vale más que mil palabras" hace referencia a la importancia del canal visual.

En la exposición de ventas, el uso de imágenes, fotografías, videos y dibujos potencia la comunicación por la vía visual, aumentando la efectividad de la presentación en aquellas personas con predominancia del uso de ese canal.

En la interacción con las personas, el uso de palabras alusivas al canal visual, da indicio de su preferencia. La frase "no veo el negocio" es un ejemplo de ello.

Los hombres tienen mejor visión a distancia y profundidad que las mujeres. Las mujeres tienen mejor visión periférica. Los hombres ven mejor con luz brillante y las mujeres en la noche. Las mujeres son más sensibles a los tonos rojos del espectro de color y tienen mayor facilidad para recordar caras y nombres. Las mujeres pueden almacenar mayor cantidad de información visual irrelevante que los hombres.

2.1.2- *Auditivo*

Como su nombre lo indica, es la información percibida por la vía auditiva. Un indicio de las personas con preferencia de este canal son aquellas que utilizan frases tales como "no me suena bien". Sienten preferencia por escuchar al interlocutor para comprender la exposición o argumentación. La mujer es más sensible para escuchar voces, música y otros sonidos. Retienen por período mayor de tiempo el sentido del oído. Tienen niveles superiores de audición y a 85 decibeles perciben el volumen dos veces más alto que los hombres.

Las mujeres tienen mayor claridad en la vocalización y tienen seis veces menos posibilidades más que los hombres de ser monótonos en su tonalidad de voz. Aprenden lenguas extranjeras con mayor rapidez que los hombres.

El uso material multimedia (video, imágenes, voz) apoya esta vía de comunicación simultáneamente con el canal visual. La repetición de la argumentación por parte del vendedor apoya la información por este canal.

2.1.3- *Kinestésico*

Es la información percibida por vía táctil. Por ejemplo una textura, una temperatura, dureza, un movimiento. En la argumentación de ventas, hay la posibilidad de usar este canal cuando el producto posee cualidades que puedan ser apreciadas por este canal.

Las mujeres tienen mayor percepción al tacto difuso y sensitivo. Reaccionan más rápido al dolor y pueden soportarlo por mayor período de tiempo que los hombres. Sin embargo, los hombres reaccionan más a los estímulos extremos de temperatura. Las mujeres tienen mayor sensibilidad en los dedos y manos, tienen mayor habilidad para desarrollar nuevas combinaciones o acciones de tipo motor fino.

Figura 1[1]

---

[1] "El Poder de la Oratoria, pág. 148, Edit. Júpiter, 2001. ", Renny Yagosesky

2.2.- La Importancia de la Concordancia de la Comunicación.

Desde sus orígenes, el hombre ha tenido y tiene la necesidad de comunicarse mediante signos, gráficos, señales orales y señales gestuales convirtiendo a la comunicación una de las principales formas de relacionarse.

Los elementos básicos del proceso de comunicación son:

Mensaje: Información a comunicar.
Emisor: Quien emite el mensaje
Receptor: Quien recibe el mensaje
Canal: Medio por el cual se establece la comunicación.

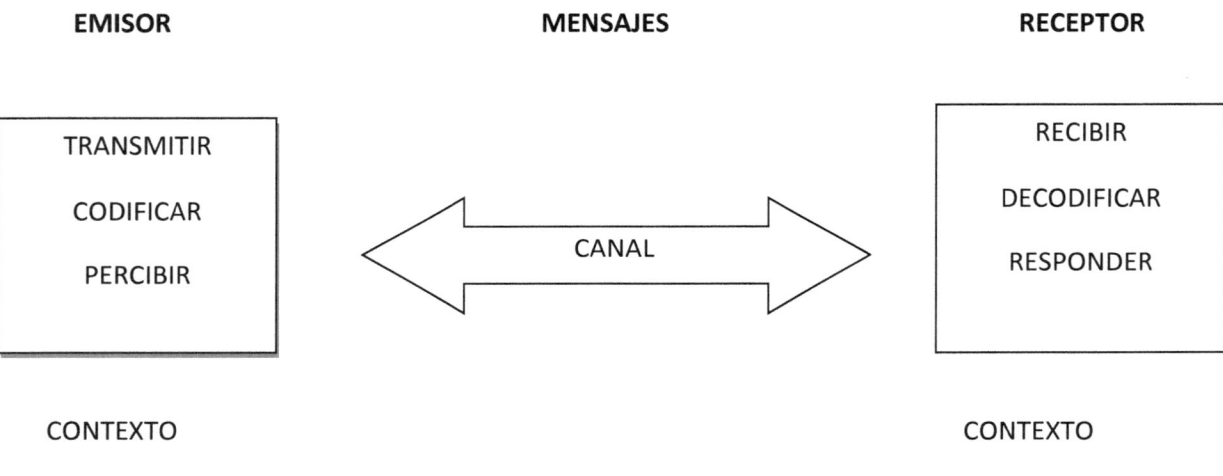

Figura 2

La figura 2 muestra como el emisor y el receptor efectúan el proceso de comunicación. La realimentación permite confirmar si el mensaje codificado ha sido comprendido, confirmándose al percatarse el emisor de los cambios en el receptor resultado de la comunicación.

La empatía es un componente importante en la comunicación. A veces una persona nos responde en forma entusiasta pero sus ojos y cuerpo dicen que no está alegre o atenta.
En otras ocasiones nos disgusta, por usar un perfume fuerte o lucir desaseada y probablemente ese desagrado impida la comunicación interpersonal.

Se ha descubierto que el componente verbal de una conversación cara a cara es menor al 35% y que más del 65% de la comunicación es del tipo no verbal.[2]

2.2.1- Lenguaje Verbal

Es la comunicación expresada a través del lenguaje entre las personas. Comprende el mensaje codificado mediante palabras y frases.

2.2.2- Lenguaje No Verbal

Es la comunicación expresada a través de símbolos tales como letras, números y dibujos entre otros y fundamentalmente la comunicación corporal la cual se expresa a través de gestos, posturas, expresiones faciales, entonación de la voz entre otros.

Sin embargo, las palabras en si mismas no tienen significados, las personas establecen el mismo y las usan como instrumento para transmitirlo, incluyendo las connotaciones emocionales por lo que una misma expresión puede tener diferente significado para el emisor y para el receptor.[3]

Un mensaje aparentemente verbal, puede estar modificado con elementos no verbales tal como lo muestra el siguiente ejemplo:[4]

FRASE	MENSAJE
Yo no le dije a José que tú eras imbécil	Otro lo hizo
Yo **no** le dije a José que tú eras imbécil	Me lo reservo
Yo no le **dije** a José que tú eras imbécil	Sólo lo sugerí
Yo no le dije a **José** que tú eras imbécil	Fue a otro
Yo no le dije a José que **tú** eras imbécil	Que otro lo era
Yo no le dije a José que tú **eras** imbécil	Que parecías
Yo no le dije a José que tú eras **imbécil**	Fue otra cosa

La comunicación no verbal es un proceso complejo en el que intervienen las personas, las palabras, el tono de la voz y los movimientos del cuerpo. El mensaje no verbal esta influido por los siguientes factores:

---

[2] "El Lenguaje del Cuerpo, Cómo leer el pensamiento de los demás a través de sus gestos" pág.12, Ediciones Paidós , 17º Edición 2006, Allan Pease
[3] "Estrategias de Enseñanza y Tecnología de Información y Comunicación" 2da Edición UPEL-IPB, Barquisimeto, 2005.Prof. Vilma de Amaro
[4] "El Poder de la Oratoria, pág- 133, Edit. Júpiter, 2001. ", Renny Yagosesky

<u>Traslación</u>: La forma de moverse, caminar, llevar el cuerpo de un lado a otro señala como se siente la persona en el medio que la rodea.

<u>Contacto</u>: Es un rasgo cultural asociado a valores individuales. Las personas difieren en sus preferencias de expresar, desear contacto físico y emitir señales sobre ello. El contacto puede transmitir ira, afecto, desprecio, calor, amistad, interés, confianza.

<u>Posición del Cuerpo</u>: La posición de los brazos, piernas y/o cuerpo pueden percibirse por el receptor como defensa, apertura, interés, seducción.

<u>Distancia</u>: El espacio personal, la separación entre los interlocutores durante la interacción. En algunos casos transmite agresividad.

<u>Movimientos Compulsivos de Pies y Manos</u>: Pueden ser interpretados como señales de alarma, aumento de tensión, nerviosismo, preparación para la acción, entre otros.[5]

Para finalizar esta parte, debe enfatizarse la importancia de la congruencia entre el lenguaje verbal y el no verbal puesto que en caso de incongruencia, el receptor se guiará por el componente no verbal.

2.3. - Los Temperamentos y su Influencia en la Interacción Personal

La personalidad es el conjunto de características emocionales, y rasgos de comportamiento que definen a una persona y la diferencia de los demás. La personalidad está compuesta por el temperamento y el carácter.

El temperamento es la combinación de rasgos que hemos heredado de nuestros progenitores. Es lo que hace que una persona sea abierta y extrovertida o tímida e introvertida.

Es el responsable en gran medida, de nuestras acciones, de nuestras respuestas emocionales y en mayor o menor grado, de casi todo lo que hacemos. Es como el individuo se relaciona e interactúa en la familia, el trabajo y la sociedad.

El temperamento es innato a la persona, fruto de la herencia psico-social que ha recibido y no se altera. Se lleva como el color de la piel o la estatura del cuerpo. No se puede decir que el temperamento en sí mismo, sea bueno o malo, simplemente está allí como el compañero de toda la vida. El temperamento puede ser un potencial que debe aprovecharse al máximo o puede convertirse en un gran obstáculo que impida a la persona desarrollarse.

Por eso, es necesario conocerlo, aceptarlo, educarlo, guiarlo y convertirlo en la mayor riqueza de la persona.

[5] "Estrategias de Enseñanza y Tecnología de Información y Comunicación" pág. 10, 2da Edición UPEL-IPB, Barquisimeto, 2005.Prof. Vilma de Amaro

2.3.1.- El Carácter

El carácter por su parte es el temperamento bien o mal formado; por lo cual se habla de buen carácter o mal carácter. El carácter comprende los sentimientos y las actitudes ante Dios, ante si mismo y ante los demás, comprendiendo los valores.

Somos responsables de la formación del carácter, ya que somos quienes decidimos que tipo de carácter desarrollar.

El Carácter está influenciado por la emotividad, la actividad y la resonancia, que es el mismo temperamento guiado por la inteligencia y la voluntad, por lo tanto puede ser modificado por medio del trabajo personal.

2.3.2.- Emotividad

La persona emotiva es aquella que vibra intensamente por todo. Es sacudida por cualquier circunstancia. Hay una desproporción entre el estímulo y la reacción. La vibración de la persona no emotiva es menor; esto no significa que no sienta las cosas, sino que su capacidad emocional es poco intensa.

2.3.3.- Actividad

Una persona activa es aquella que decide algo y lo lleva a cabo inmediatamente. No se desanima ni desespera ante un obstáculo sino más bien, disfruta las dificultades y actúa con mayor energía. Además tiene un gran espíritu de lucha, siendo optimista e inteligente.

La persona no activa es aquella que puede estar plenamente convencida de que tiene que actuar, pero no pasa a la realización concreta. Encuentra pretextos para posponer la acción. Tiene buenas intenciones, pero carece de fuerza de voluntad para llevarlas a cabo.

2.3.4.- Resonancia

La resonancia es el efecto fugaz o duradero de una impresión que puede ser primaria (Vive apasionadamente el momento presente) o secundaria (Vive en el pasado).

El Carácter se adquiere y se forma parte de la personalidad y es dependiente de las experiencias del aprendizaje y ambiente social.

Saber guiar el temperamento forma el carácter. Tener un carácter sólido aumenta la autoestima.

Una persona nace sin carácter, la misma vida se encarga de darle formación y es a través del medio donde se desenvuelva, participando en esta formación los padres, los familiares cercanos, los amigos y los medios de comunicación.

Durante este proceso la persona adquiere una conducta que tendrá una reacción positiva o negativa según las circunstancias que esté viviendo.

2.3.5.- Características de una persona con carácter sano

Seguridad

Confianza

Decisión

Firmeza

Madurez

2.3.6.- Elementos que dañan la formación del carácter

Palabras que desvalorizan a la persona (idiota, tonto, estúpido, no sirves para nada, te pareces a un animal, Fulanito es mejor que tu, mejor no hubieras nacido, eres un... Etc.)

La sobreprotección (no salgas porque te vas a enfermar, no comas eso, el nunca ha salido solo, es mi único hijo. (Inferioridad o superioridad)

La ausencia del padre y aun peor la de ambos.

La falta de disciplina en casa y fuera de ella.

Demasiada libertad

La falta de comunicación y comunión familiar

Vistos los elementos que conforman el carácter de una persona, revisaremos los distintos temperamentos los cuales tienen influencia en la interacción del trabajo de ventas.

2.3.7.- <u>Tipos de Temperamento</u>

En nuestra interacción con otras personas, es de gran importancia conocer acerca de los temperamentos básicos, los cuales seguidamente se reseñan.

2.3.7.1- *Temperamento Colérico*

Es rápido, y muy activo en sus decisiones. Este tipo de gente se caracteriza por ser muy independiente. El colérico se siente a gusto con las actividades. De hecho siempre tiene que tener la mente ocupada y estar haciendo algo. Adopta posiciones definidas frente a las cuestiones. El colérico es de un temperamento ardiente, ágil activo, práctico y de voluntad fuerte que se tiene por autosuficiente y muy independiente. Es un líder natural fuerte.

Al colérico no le disgustan las adversidades, por el contrario, tienden a alentarlo. Es determinado y no se rinde ante cualquier obstáculo, el sigue adelante. Demuestra poco aprecio por la música y el arte, y prefiere los valores utilitarios y productivos de la vida. Toda profesión que requiera liderazgo, motivación y productividad son ideales para el colérico.

El colérico es extremadamente hostil. Algunos aprenden a controlar su ira, pero una erupción de violencia es siempre una posibilidad en ellos. Su explosividad puede ser muy peligrosa. También suelen ser más insensibles ante los problemas de los demás, no le gustan las lágrimas. Es cruel, cortante y sarcástico.

No siente compasión por otros fácilmente, ni lo demuestra ni lo expresa. A menudo se le considera oportunista No les lleva mucho tiempo comprobar que los demás generalmente se asustan de sus estallidos de enojo. La explosión del colérico no es tan fuerte como las del sanguíneo ya que es menos extrovertido.

El colérico puede herir a los demás con toda intención y gozarse de haberlo hecho. Nadie pronuncia con su boca comentarios más ácidos que el colérico. Raras veces titubea cuando quiere cantarle las cosas claras a alguien o minimizarlo. Una de las características del colérico es su inclinación a proceder con astucia a fin de lograr lo que quiere. Raras veces acepta un no como respuesta. Tiende a ser decidido y lleno de opciones, y le resulta fácil tomar decisiones por su cuenta, y por cuenta de otros también. Tiende a ser dominante y autoritario y usa a la gente sin vacilación a fin de lograr sus fines.

El colérico reconoce rápidamente las oportunidades y con igual rapidez descubre la mejor forma de sacarle provecho. Tiene una mente organizada aunque suelen aburrirlo los detalles. No es muy dado al análisis, sino más bien a una estimación rápida, casi intuitiva de las cosas. Su tenaz determinación por lo general le hace tener éxito donde otros fracasan porque él sigue empeñado en la tarea cuando otros se desalientan. Toda profesión que requiera liderazgo, motivación y productividad es adecuada para el colérico, siempre que no le exija demasiada atención en cuestiones de detalles y planificación analítica. La mayoría de los financistas son coléricos. El colérico no es un perfeccionista sino un productor. Tiende a desenvolverse muy bien en el comercio, en la enseñanza de asignaturas prácticas, en la política, en funciones militares, en los deportes. El colérico da portazos, golpea la mesa con el puño, usa la bocina del automóvil sin discreción.

La firmeza y la decisión natural del colérico es una característica temperamental que puede ayudarlo en el curso de su vida, pero también puede convertirlo en un hombre porfiado y terco.

2.3.7.2.- *Características que denotan un Temperamento Colérico.*

Áreas Fuertes	Áreas Débiles
Voluntad Tenaz	Carácter Violento
Optimista	Terco
Autosuficiente	Insensible a las Necesidades de Otros
Audaz y Valiente	Cortante y Poco Simpático
No se desanima ante las ciurcunstancias difíciles	Le disgustan las lágrimas ajenas

Áreas Fuertes	Áreas Débiles
Actúa con rapidez en emergencias	Arrogante y Dictatorial
Nunca Vacila	Usa a la gente para su beneficio
Práctico	Es vengativo y se le dificulta mucho perdonar
No le desalienta la oposición	Poco analítico
Alcanza siempre sus metas	Fastidioso y difícil de complacer
Demasiado seguro	Suele tener úlceras o colitis
Decidido	Sarcástico
Organizado	Toma decisiones por otros

2.3.7.3- Temperamento Melancólico

El melancólico es muy sensible emocionalmente y es introvertido, aunque puede comportarse de manera extrovertida. Se dice que es el temperamento más rico de todos y generalmente suele tener un nivel de inteligencia más alto que los demás temperamentos.

Nadie más disfruta del arte que el melancólico y además es muy perfeccionista. El melancólico es analítico, puede adquirir toda una variedad de talentos. El melancólico es muy fiel y por lo tanto muy buen amigo, pero no consigue amigos con facilidad, más bien espera que vengan a él.

El melancólico es muy crítico, es autodisciplinado, y le gusta entregarse al sacrificio personal. Toda vocación que requiera talento y creatividad es apta para el melancólico, como la filosofía, la ciencia, la música, el arte, etc.

Entre las debilidades del melancólico está que suele ser muy depresivo y suele ser más pesimista que la persona promedio.

Es raro que una persona melancólica inicie un nuevo proyecto por sí mismo. Es egocéntrico, tiende a compararse con los demás y a ser rencoroso.

Tiene cambios de ánimo más marcados, en algún momento puede sentirse casi como un sanguíneo, y en otro momento puede sentirse en una depresión total. Suele ser rígido e intransigente. La mayoría de los grandes compositores, artistas, músicos, inventores, filósofos, teóricos, teólogos, científicos y dedicados educadores del mundo han sido predominantemente melancólicos.

Así como la mayoría de los genios y de los artistas suelen ser melancólicos, también pueden convertirse en seres peligrosos en caso de que no logren educar sus impulsos.

Las personas que constituyen este temperamento tienen una expectativa de vida menor que los demás.

Es sensible, sistemático, comprensivo, supervisor, resignado. Trabaja con orden e interés, es concreto, se desalienta ante las dificultades, es desconfiado y pasivo. Para ser efectivo le gusta crear armonía, que se le diga el por qué de las cosas; observar detalladamente, evitar la crítica, que se le alabe en privado y tener tiempo para procesar la información.

Cuando se le estimula proporciona habilidades especializadas, detalles, niveles altos, decisiones cuidadosas, alto nivel de precisión.

Por naturaleza tiende a ser introvertido. Pocas veces se esfuerza por conocer a la gente. El melancólico suele descubrir su mayor sentido de la vida entregándose al sacrificio personal. Con frecuencia elige una vocación difícil, que requiera mucho sacrificio personal. Pero una vez que ha elegido, tiende a ser sumamente metódico y persistente en el cumplimiento de la misma, y es más que probable que realice grandes cosas si su tendencia natural a quejarse del sacrificio que significa, no lo deprime hasta el punto de hacerlo abandonar totalmente.

La capacidad analítica necesaria para proyectar edificios, concebir proyectos requiere el temperamento de un melancólico. Pero también pueden ser artesanos de primera: carpinteros, albañiles, plomeros, horticultores, científicos, abogados, escritores, mecánicos, ingenieros.

Pueden ser miembros de toda profesión que proporciona un servicio con sentido humanitario. Las admirables cualidades del perfeccionismo y la escrupulosidad conllevan con frecuencia la seria desventaja del negativismo, el pesimismo y de un espíritu de crítica.

Normalmente, la primera reacción de un melancólico ante cualquier cosa, va a ser negativa o pesimista.

El melancólico es capaz de experimentar el "arrepentimiento del comprador" antes de comprar la mercancía, y no como los otros que la experimentan tiempo después.

El melancólico es más egocéntrico que cualquier otro temperamento, pues todo lo interpreta en relación consigo mismo.

Tiende además a compararse con los otros en apariencia exterior, en talento, en intelecto, sintiéndose invariablemente deficiente porque jamás se le ocurre que se compara con los mejores rasgos del otro y hace a un lado sus puntos débiles.

Este rasgo de egocentrismo, juntamente con su carácter sensible, hace que el melancólico sea muy susceptible y quisquilloso por momentos. Se puede ofender a un melancólico con solo mirarlo.

El talentoso cerebro del melancólico puede ser terreno fértil para conceptos creativos y positivos, o la fuente de pensamientos perjudiciales.

Las líneas negativas de pensamiento hacen que el melancólico tome decisiones poco realistas. El 95 % de las veces su línea de pensamiento vengativa y opresiva saca el problema fuera de toda perspectiva.

A medida que aumenta en años aumentan los momentos de insatisfacción, amargura y depresión, a menos que haya aprendido a auto controlarse.

Ningún temperamento es tan susceptible a ser rígido, implacable e intransigente, hasta el punto de ser totalmente irrazonable, como el melancólico.

Es el mártir natural de su causa. Es intolerante e impaciente con los que no ven las cosas como las ve él; en consecuencia le resulta difícil formar parte ce un equipo y con frecuencia se desenvuelve sólo en el mundo comercial.

El melancólico es un idealista por lo que a veces tiende a ser impráctico y muy teórico por lo que le convendría someter siempre sus proyectos a la prueba de la viabilidad y le conviene asociarse con personas de otro temperamento que se complementen.

2.3.7.4.- *Características que denotan un Temperamento Melancólico.*

Áreas Fuertes	Áreas Débiles
Muy Analítico	*Le gusta sufrir*
Amante de la música y de las artes	*Depresivo*
Sensible a los demás	*Pesimista*
Reflexivo	*Hipocondríaco*
Se sacrifica	*Critica a los demás de su trabajo*
Hace amigos con cautele y una vez que los tiene es sumamente leal	*Vive temeroso de lo que piensan los demás de sus acciones*
Disciplinado	*Sospecha de los demás*

Áreas Fuertes	Áreas Débiles
Creativo	Mantiene resentimiento
Inteligente	Es indeciso
Termina lo que emprende	Se cansa con facilidad
Muy limpio y organizado	Es vengativo

2.3.7.5- Temperamento Flemático

El flemático es tranquilo, casi nunca pierde la compostura o se enfada por lo cual suele ser el temperamento más agradable de todos, nunca se alarma y casi nunca se enoja.

Suele ser una persona muy apática, sin muchas dotes de liderazgo aunque eso no significa que no lo pueda ser.

Sin duda alguna es la persona con la cual es más fácil llevarse, para él la vida es una alegre y agradable experiencia, sin emoción, en la que evita comprometerse todo lo posible y bajo su personalidad suele experimentar más emociones que las que demuestra a los demás.

Es tan tranquilo y sereno que parece no agitarse nunca, cualquiera que sean las circunstancias que lo rodean. Es el único tipo temperamental que es invariablemente consecuente.

Es de buen corazón y compasivo, aunque rara vez demuestra sus sentimientos. Procura no involucrarse mucho con las actividades de los demás, pero cuando lo hace, lo puede llegar a hacer con un grado alto de eficacia.. El flemático tiende a ser más bien espectador. Cuesta mucho lograr que tome parte en alguna actividad que no sea su rutina diaria.

Es del tipo de persona que puede hacer que los demás se desternillen de la risa mientras él permanece imperturbable. No le faltan amigos porque le gustan las personas, tienen un sentido del humor natural y posee una capacidad especial para descubrir el lado humorístico de los demás, tiene capacidad para apreciar las bellas artes, las cosas buenas de la vida y tiene una actitud siempre positiva hacia esta.

Tiene buena retentiva y puede ser un buen imitador. Una de sus grandes fuentes de diversión consiste en provocar a los demás o en burlarse de los otros tipos temperamentales. Las debilidades del flemático es que suele ser lento y ocioso, le falta empuje y ambición. Suele escudarse del dolor, y también puede ser sensible.

Suele ser muy avaro en la cuestión del dinero. Es muy terco, pero suele pasar su terquedad más desapercibida que otros temperamentos y también suele ser indeciso y temeroso.

El flemático es un maestro en todo aquello que requiera de una paciencia meticulosa y la presencia de la rutina diaria. La mayoría de los maestros de la escuela primaria son flemáticos.

Esto se aplica también al nivel secundario y superior, donde tienen preferencia por las matemáticas, la física, la gramática, la literatura y la ingeniería.

Tienen además excelentes actitudes artesanales, por lo que suelen ser buenos mecánicos, torneros, carpinteros, electricistas, relojeros, especialistas en cámaras fotográficas y otros instrumentos de precisión.

Suelen también ser excelentes capataces, supervisores o dirigentes de personal pues son diplomáticos y no provocan roces. El flemático es organizado, jamás concurre a una reunión desprevenido o tarde, tiende a trabajar bien bajo presión y es extremadamente confiable.

Es frecuente que el flemático conserve el mismo trabajo toda la vida. Como tiende a luchar con el problema de la inseguridad personal, el flemático puede preferir ocupaciones con beneficios de jubilación u otras seguridades.

Por ello lo atraen los cargos en la administración pública, en las fuerzas armadas, en funciones de gobierno y otras semejantes.

Es raro que el flemático inicie alguna actividad comercial por su cuenta, aún cuando está capacitado para ello.

La debilidad más evidente del flemático es su aparente falta de empuje o de ambición. Si bien pareciera que siempre hace lo que se espera de él, raras veces hace más de lo necesario.

Hace pensar en que tiene un metabolismo bajo, o lento, y con frecuencia se queda dormido en el momento que se sienta. A nadie le gustan las heridas, y esto resulta particularmente cierto en el caso del flemático, por lo que aprende a protegerse a una edad muy temprana.

El flemático cuida cada centavo y actúa como un avaro, excepto cuando se trata de comprar algo para sí mismo, esta es una característica de las que solo pueden dar fe las personas que viven con un flemático, pues su actitud siempre cortés y correcta para con los demás, hacen que el resto de las personas no se percaten de ella.

Nadie es más terco que el flemático; pero es tan diplomático, hasta en eso, que a la gente le puede pasar desapercibido.

Casi nunca se enfrenta con otra persona, ni se niega a hacer algo, pero de algún modo se las arregla para eludir la responsabilidad.

Ante una situación familiar el flemático jamás grita o discute. Se limita a arrastrar los pies o se planta y se niega a moverse.

Debajo de la amable superficie del flemático diplomático late un corazón sumamente temeroso. Esta tendencia a temer le impide, con frecuencia, aventurarse por su cuenta para sacar el mayor provecho de sus potencialidades.

2.3.7.6.- *Características que denotan un Temperamento Flemático*

Áreas Fuertes	Áreas Débiles
Buen carácter	Pesimista
Es de Humor Placentero (de pocas palabras)	Se acomoda a las circunstancias
Conciliador	No se compromete
Tiene amistades numerosas	Mezquino
Reservado	Terco
Fiel	Espectador
Diplomático y Pacificador	No es cordial
Sabe escuchar	Lento y Perezoso
Dá consejos si "se los piden"	Indeciso
Es confiable	Apaga el ánimo de otros
Es bondadoso	Se resiste a los cambios
	No se tiene confianza a si mismo

2.3.7.7. – *Temperamento Sanguíneo*

Es divertido, dinámico, seductor, adaptable, democrático, deseoso de ayudar, diplomático, diligente, poco detallista, gozoso, optimista, amigable.

Para ser efectivo requiere de múltiples contactos con la gente, una guía democrática, mucha variedad y reconocimiento público. Cuando se le estimula es un líder inspirador, promotor de ánimo y entusiasmo.

Para tomar sus decisiones predominan más los sentimientos que los pensamientos reflexivos. Es un súper extrovertido. Fascina cuando narra cuentos y su naturaleza cálida y entusiasta le hace revivir prácticamente la experiencia que relata.

Los sanguíneos son gente vivaz, alegre, de esos que les encanta ser los reyes de la fiesta. Tienen un sistema nervioso rápido que se caracteriza por la alta sensibilidad.

A este tipo de personas les encanta la gente y no les gusta la soledad. Su forma de ser los hace aparentar una mayor seguridad de la que en realidad tienen.Aún cuando su personalidad extrovertida lo hace ver como una persona segura de sí misma en realidad es una persona muy insegura.

Algunos defectos de los sanguíneos, es que suelen ser gente indisciplinada y tienen la voluntad débil, lo cual puede ocasionar que sean vistos como gente de poca confianza, por ejemplo, en un empleo o a la hora de desempeñarse en la escuela por su carácter débil, hacen generalmente grandes comienzos con pobres finales.

También son muy desorganizados y siempre suelen estar en movimiento, nunca voltean hacia atrás y raras veces miran hacia adelante (ellos buscan vivir el momento).

Nunca le faltan amigos. Su naturaleza ingenua, espontánea, cordial le abre puertas y corazones. Puede sentir genuinamente las alegrías y los pesares de las personas con quien está y tiene la habilidad de hacerle sentir importante como si se tratase de un amigo muy especial y lo es, mientras tenga sus ojos puestos en él, o mientras sus ojos no se dirijan hacia otra persona con igual intensidad.

El sanguíneo nunca se encuentra perdido por falta de palabras, aun cuando con frecuencia habla sin pensar. Raras veces planifican por anticipado. Son propensos a las demoras, incapaces de dedicarse a una tarea por un cierto tiempo, se distraen fácilmente, son impacientes con los melancólicos, suelen ser malos estudiantes, pierden el tiempo hablando, son nerviosos por los sonidos, reaccionan instantáneamente a las circunstancias.

Su modo libre de desenvolverse hace que los de temperamento más tímido lo envidien. Es egotista ya que lucha constantemente por ser el centro de la atención. Para él todo el mundo es un gran escenario y él es el actor principal. Normalmente él mismo es su personaje favorito.

Generalmente resultan excelentes vendedores, sintiéndose muy atraídos hacia esa profesión. Suelen además ser excelentes actores, anfitriones, predicadores, locutores, animadores, políticos, etc.

En cuanto a ayudar a otros se refiere, los sanguíneos se destacan en tareas hospitalarias. Los doctores sanguíneos están dotados de una actitud especial para acercarse al enfermo al cual lo deja siempre de buen ánimo como consecuencia de su trato cautivante.

2.3.7.8.- *Características que denotan un Temperamento Sanguíneo*

Áreas Fuertes	Áreas Débiles
Animador	Desorganizado
Servicial	Habla demasiado
Optimista	Olvida pronto a los amigos
Alegre	Tiene Arranques de Enojo
Padre Cariñoso	Le gusta dominar la conversación
Hace amigos con facilidad	Olvida sus promesas y compromisos
Jovial	Es distraído
Muy activo	Es emocional
Comunicativo	Falta de Fuerza de Voluntad
Compasivo	Indeciso
Disfruta Todo	Empieza Proyectos y no los termina
Sonríe siempre	Pierde tiempo cuando debríae trabajar
No se le dificulta pedir disculpas	Es presumido
No se aburre (Vive en el presente)	

2.3.7.9.- *Combinación de Temperamentos*

Las personas no tienen un solo temperamento. Más bien se puede decir que tienen un temperamento predominante.

Todos representamos una combinación de por lo menos dos temperamentos; uno de ellos predomina sobre el otro que ocupa un lugar secundario. Además de esto, cuando se consideran las combinaciones debe tenerse en cuenta un factor que se destaca y es que no todas se manifiestan en igual grado. El grado de predominancia de un temperamento es variable entre las personas.

Seguidamente se muestran las 12 combinaciones posibles de temperamentos:

Combinación	Aspectos Positivos	Aspectos Negativos
Sanguíneo – Colérico	Muy extrovertido	Habla demasiado
	Carismático	Emite opiniones infundadas
	Entusiasta	Enojadizo, presto a la acción.
	Orientado a los demás	Déspota
	Dotes de Vendedor	Justifica sus acciones
	Resolución	
	Productivo	
	Medianamente organizado	
	Deportista	

Combinación	Aspectos Positivos	Aspectos Negativos
Sanguíneo – Melancólico	Muy Emocional	Fluctuantes
	Siente los pesares ajenos	Muy crítico
	Fantásticos Maestros	Depresivos
	Prefeccionista	Enojadizo
	Don de Gentes	Temeroso

Combinación	Aspectos Positivos	Aspectos Negativos
Sanguíneo – Flemático	Muy Carismático	Falto de Disciplina
	Alegre y Entretenido	Falto de Motivación
	Querido por la Familia	Poco serio
	Extrovertido	Hostil
	Hace reir	

Combinación	Aspectos Positivos	Aspectos Negativos
Colérico - Sanguíneo	Muy Activo	Iracundo y resentido
	Promotor y Vendedor Natural	Impaciente
	Gran Motivador	Sarcástico
	Seguro de si mismo	Atropella a la gente

Combinación	Aspectos Positivos	Aspectos Negativos
Colérico – Melancólico	Muy industrioso	Autocrático y dictatorial
	Capaz	Sarcástico
	Minucioso	Hostil
	De metas definidas	Resentido
	Decididos	

Combinación	Aspectos Positivos	Aspectos Negativos
Colérico - Flemático	Muy capáz	Terco
	Organizado	No reconoce sus errores
	De Objetivos Claros	Puede guardar amargura
	Buen trato para los demás	
	Buenos administradores	

Combinación	Aspectos Positivos	Aspectos Negativos
Melancólico – Sanguíneo	Introvertido	Humor variable
	Sensible al Arte	Muy crítico
	Analista	Idealista e Impráctico
	Estudioso	Inseguro , Temeroso
	Se lleva bien con la gente	Autoimagen pobre

Combinación	Aspectos Positivos	Aspectos Negativos
Melancólico – Colérico	Amplia gama vocacional	Difíciles de complacer
	Liderazgo	Negativo
	Iniciativa	Se deprime con facilidad
	Analista	Muy crítico

Combinación	Aspectos Positivos	Aspectos Negativos
Melancólico – Flemático	Poco Hostil	Se desanima con facilidad
	Se lleva bién con la gente	Muy negativo
	Talentoso	Rencoroso y Vengativo
	Perfeccionista y Eficiente	Ansioso y Temeroso
	Capaz	Terco y Rígido
	Competente	

Combinación	Aspectos Positivos	Aspectos Negativos
Flemático – Sanguíneo	Simpático	Tiende a perder el tiempo
	Diplomático	Falto de Disciplina
	Alegre	Temeroso e Inseguro
	Colaborador	Solitario
	De confianza	

Combinación	Aspectos Positivos	Aspectos Negativos
Flemático - Colérico	Buen oyente	Falto de motivación
	Buen trato con las personas	Temeroso
	Paciente	Obstinado e Inflexible
	De confianza	Pasivo

Combinación	Aspectos Positivos	Aspectos Negativos
Flemático - Melancólico	Reposado	Temor
	Agradable, Suave	Egoista
	Confiable	Negativista
	Sencillo	Crítico
	Paciente y Minucioso	

2.4.- Los Paradigmas y Prejuicios Culturales

Los seres humanos estamos condicionados por un patrón cultural el cual debe tenerse en cuenta en el trabajo con el cliente. Este patrón está condicionado por símbolos, denominado como comunicación simbólica. Esta transmite gran cantidad de información influenciada por la percepción individual. Como fuente de información, existen diversos estereotipos tales como: la ropa y forma de vestirse, las prendas y joyas utilizadas, el corte de cabello y/o peinado, el lugar de residencia entre otros, las cual se emite consciente o deliberadamente.

No es lo mismo citar al cliente en la oficina que pedirle una cita en su residencia o lugar de trabajo si se es desconocido. En el caso de una dama contactada por un representante de ventas de sexo masculino, el convenir una cita a un restaurante puede ser interpretado negativamente.

El ser observado llegar al sitio de la reunión en usando transporte público o en vehículo en malas condiciones puede en muchos caso ser tomado negativamente.

Por más profesional que sea un Representante de Ventas , el estar sin afeitarse o en el caso de una dama estar despeinada o con el cabello decolorado, puede ser interpretado negativamente.

2.5.- El Paradigma de la Emoción

He aquí el principio fundamental por el cual a los clientes les gusta comprar y por el cual los vendedores hacen efectiva su acción de venta, el cual denomino el "Paradigma de la Emoción" el cual se enuncia seguidamente:

"LA GENTE COMPRA LO QUE QUIERE EN BASE A SUS EMOCIONES Y NO NECESARIAMENTE LO QUE LE CONVIENE SEGÚN UN RAZONAMIENTO."

La mayoría de la gente toma sus decisiones de compra en base a lo que quiere y no a lo que le conviene en base al razonamiento. Esto quiere decir que sus decisiones están influenciadas por sus emociones y la razón actúa para luego justificarlas.

Es por ello que cuando el vendedor no le aporta simultáneamente argumentos que puedan ser razonados posteriormente en términos de beneficios del producto o servicio, ocurre lo que se denomina "remordimiento del comprador".

¿Por que muchas personas salen de compras y regresan con cosas que ni siquiera pensaban comprar?

¡La gente compra lo que quiere y no lo que a la razón lógica conviene! Eso lo sabe el vendedor profesional y de allí que quien ejerza funciones de ventas, debe conocer el proceso psicológico de la toma de decisiones de compra para aumentar su efectividad significativamente. Esto será abordado más adelante.

2.6.- **La Emocionalidad y la Razón.**

El cerebro se divide anatómicamente en hemisferio derecho y hemisferio izquierdo. Cada uno de ellos tiene una función predominante.

El hemisferio derecho procesa conjuntos, combina partes para integrar el todo, aprendizaje aleatorio, ritmos, imágenes e imaginación, color, sueños, reconocimiento de caras, patrones y mapas, dimensiones. Es el hemisferio de la intuición, la capacidad creadora y la imaginación.

El hemisferio izquierdo es analítico, procesa listas y secuencias, es lógico, palabras, razonamiento, números, pensamiento lineal y análisis.

Ambos hemisferios están unidos por el cuerpo calloso, zona donde se cruzan fibras nerviosas de uno y otro lado, permitiendo que un lado del cerebro se entere de lo que hace el otro lado.

Cuando se tiene temor, el cerebro fija la prioridad en esa emoción sobre cualquier otra información. Las emociones son más importantes y poderosas para el cerebro que las habilidades de pensamiento de primer orden, por lo que el aprendizaje y el sentido de las cosas están dados por los sentimientos y las emociones. Paul MacClean autor de la teoría del Triuno o los tres cerebros, reptil, límbico y cortical, considera que la persona que aprende debe sentir que es "verdad" antes de "creer". [6]

Ned Herrmann, estableció el modelo de los cuatro cerebros combinando la división de los dos cerebros izquierdo y derecho con el cerebro Triuno de MacLean dando los siguientes cuadrantes.

A. Analizador (Azul) encargado del pensamiento lógico y crítico, del análisis de hechos, del procesamiento y cuantificación de números. Es racional y realista, conoce como funcionan las cosas. No toma decisiones si no tiene hechos claros.
B. Organizado (Verde). Planea formas, organiza hechos, revisa cuidadosamente. Es el previsor, establece procedimientos y secuencias, hace que las cosas se hagan. No acepta ambigüedades.
C. Personalizado (Rojo). Es básicamente interpersonal, intuitivo y expresivo. Es sensitivo a lo que le pasa a otros, gusta de enseñar, es emocional y kinestésico. Induce al trabajo en equipo.

---

[6] "Teorías y Estilos de Aprendizaje",pág.13-14, 1º Edición UPEL –IPB, Barquisimeto 2005, Prof.Magaly de Pantoja.

D. Visualizador (Amarillo). Realiza los procesos imaginativos, piensa en forma global, conceptualiza, especula, impetuoso, rompe las reglas, le gustan las sorpresas, es curioso, le gusta jugar, experimentador y gusta de tomar riesgos.

Las diversas teorías anteriormente mencionadas consideran el papel importante de las emociones en el procesamiento de información del individuo, de aquí la importancia del manejo profesional de la emocionalidad en la interacción con el cliente.

2.7.- **La Concientización de la Necesidad del Producto.**

El ser humano es un ser básicamente emotivo, sin embargo posee la capacidad de raciocinio. El sistema de venta profesional parte de este hecho por lo que analizaremos algunos aspectos que influye en la toma de decisiones.

2.7.1.- La PNL y la Motivación

La Programación Neurolingüística (PNL) establece dos direcciones de motivación las cuales todos desarrollamos para alejarnos del dolor, de la incomodidad y el estrés y acercarnos al placer, la comodidad y la relajación. Son direcciones distintas las cuales son útiles en diferentes ocasiones.

En la "venta de ideas" del sistema de venta profesional (SVP) se toma en cuenta este hecho para concientizar al prospecto de cliente de la necesidad del beneficio del producto. Dependiendo de la naturaleza del producto o servicio, se utiliza la dirección de motivación pertinente en la exposición.[7]

2.7.1.1.- *Motivación "Acercarse al Placer"*

Es toda aquella información expuesta en términos de los beneficios de poseer o disponer el producto o servicio para satisfacer una necesidad del cliente. Estos beneficios están expuestos en términos que sean percibidos asociados al placer, alegría, comodidad, tranquilidad, felicidad y similares.

2.7.1.2.- *Motivación "Alejarse del Dolor"*

De igual manera, es toda aquella información expuesta en términos de las consecuencias negativas de no disponer el producto o servicio para satisfacer una necesidad del cliente. Son expuestas en términos para ser percibidos asociados al dolor, incomodidad, temor, estrés, desgracia y similares.

2.8.- **La Ética de la Venta.**

---

[7] PNL, La Nueva Tecnología del Éxito, pág. 62-63, Steve Andreas y Charles Faulkner, Ediciones Urano 1998.

Debe tenerse presente que por ser la venta, un proceso psicológico influenciado por la pericia del vendedor, que esta o bien puede ser una especie de infortunio con que tuvo que lidiar el cliente o una gracia recibida. La diferencia reside en la ética del vendedor.

Por esta razón es imperativa la ética profesional en la realización de la labor de ventas, entendida como el derecho a merecer una retribución como consecuencia del beneficio recibido por el cliente.

2.8.1.- *La Venta es una relación Ganar-Ganar*

Tomando en cuenta la ética de la venta y que en la mayoría de los casos se persigue que el cliente vuelva a repetir la compra y no sienta "remordimiento" luego de haber comprado, toda acción de ventas debe ser realizada en condiciones de equidad y honestidad . Si el cliente no percibe que compra en condiciones de ganar-ganar, es poco probable que realice la compra y pero aún que la repita.

2.9.- **Determinantes en la Decisión de Compra**

El vendedor debe informarse en lo posible sobre las necesidades del potencial cliente, de los actores involucrados en la toma de la decisión de compra y de su disposición a comprar el producto en un contexto y condiciones determinadas.

2.9.1.- *Costo de Adquisición y Valor de Uso*

Psicológicamente, el costo de adquisición comprende además del precio intrínseco del producto, las condiciones en las cuales es ofrecido tales como lugar de entrega, forma de acceso, movilización, garantía, servicio post venta y condiciones de pago.

El valor de uso representa la utilidad o beneficio de disponer del producto o servicio en las condiciones de adquisición establecidas.

Psicológicamente, si este valor de uso es menor al costo de adquisición, la decisión de compra será negativa.

Por tanto, el vendedor debe presentar beneficios que incrementen el valor de uso y minimice el costo de adquisición. El "remordimiento del comprador" ocurre cuando el cliente toma una decisión emocional de compra y luego no encuentra argumentos que justifiquen la decisión una vez pasada la condición emocional.

Un ejemplo consiste en lo que está dispuesto a apostar un jugador. Si el premio (valor de uso) es mayor al Costo de Adquisición (dinero, fecha de sorteo, medio de sorteo, confiabilidad, consecuencias en su presupuesto personal).

Una apuesta de 10 Dólares no representa mayores consecuencias en el presupuesto cotidiano de un jugador comparados con un premio de 8000 Dólares, pero una apuesta de

1000 Dólares seguramente si representa un mayor costo de adquisición aunque el premio sea de 8.000.000 Dólares .

2.9.2.- ¿Quién tiene la necesidad?

Comenzar una presentación de ventas sin saber si el cliente tiene la necesidad del beneficio del producto es un error frecuente. Un ejemplo sería ofrecer en venta un molino de carne a una persona que es vegetariana o un viaje a las Antillas para dos personas a un festival de salsa casino a una pareja donde alguno de los miembros tiene un impedimento físico o de un viaje de quinceañeras a una pareja sin hijos.

2.9.3.- ¿Quién toma la decisión?

Al identificar quien toma la decisión de compra, se obtiene un enfoque hacia donde debe dirigirse la acción de ventas. Por ejemplo en una exposición sobre un viaje de quinceañeras a una familia que tiene esa necesidad, se logrará entusiasmar a la joven y seguramente a la madre. La pregunta es ¿quien toma la decisión de comprar?, ¿La joven, la madre o el padre, la tía, el tío, etc.? La necesidad la tiene la joven pero la decisión de compra puede ser de otra persona la cual es generalmente la madre por lo que hay que identificar quien toma la decisión antes de proseguir con la presentación.

2.9.4.- ¿Quién aportará el dinero?

Sucede que la decisión de compra y la necesidad puede estar en una persona, sin embargo es otra la que aportará el dinero y es ésta en última instancia quien decide la compra.

En el ejemplo anterior del viaje de quince años, la necesidad la tiene la joven, la madre en la mayoría de los casos es quien decide, pero en muchos casos es el padre quien pone el dinero. De no considerar estos factores que intervienen en la decisión de compra, esta puede verse entrabada. ¿Qué sucedería si el padre no tiene los recursos suficientes y en ultima instancia un hermano mayor es quien puede aportar el dinero faltante?.

2.9.5.- La Empatía y las Circunstancias en la Venta.

Una presentación de ventas puede verse trabada u opacada por falta de empatía entre el vendedor y comprador. Puede ser el caso de una vendedora con vestimenta demasiado llamativa visitando una familia donde la esposa es muy celosa y descuide dirigir la mirada hacia la esposa con la debida frecuencia.

El vendedor debe tener una apariencia y desarrollar una personalidad que muestre empatía, carisma.

Por otra parte hay circunstancias al momento de la cita que pueden afectar la presentación.

Puede suceder un evento fortuito al momento de la cita como lo puede ser un accidente de un miembro de la familia o del entorno inmediato del posible comprador.

3.- **El Proceso General de Ventas**

Visto los condicionantes del proceso de ventas, se expone seguidamente las etapas del proceso general de ventas el cual persigue maximizar el cierre de ventas.

El proceso general de ventas se subdivide en las etapas mostradas en la figura 1, las cuales deben ejecutarse secuencialmente siempre que la naturaleza del producto así lo permita.

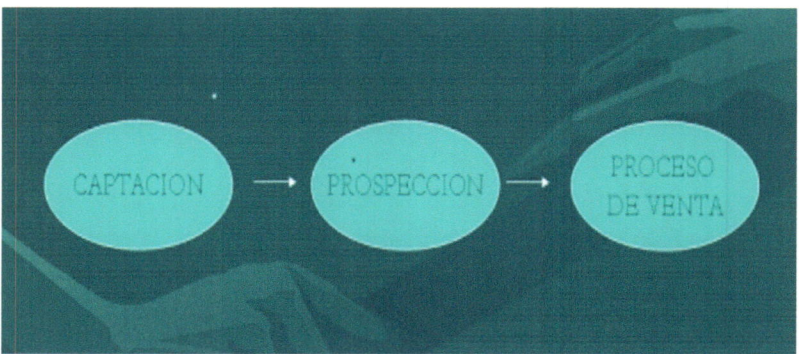

Figura 1. Etapas del Proceso General de Ventas

3.1.- Captación

Por captación se entiende todo proceso dirigido a detectar posibles clientes para nuestro producto o servicio. Para ello se utilizan diversos métodos de captación. En el proceso de captación se persigue principalmente obtener los datos del prospecto para posteriormente hacerle la exposición. En algunos casos sucede que se realiza la venta lo cual se denomina "cierre en frio".

3.1.1- *Tipos de Captación*

En la figura 2 se muestran las estrategias de captación mayormente utilizadas.

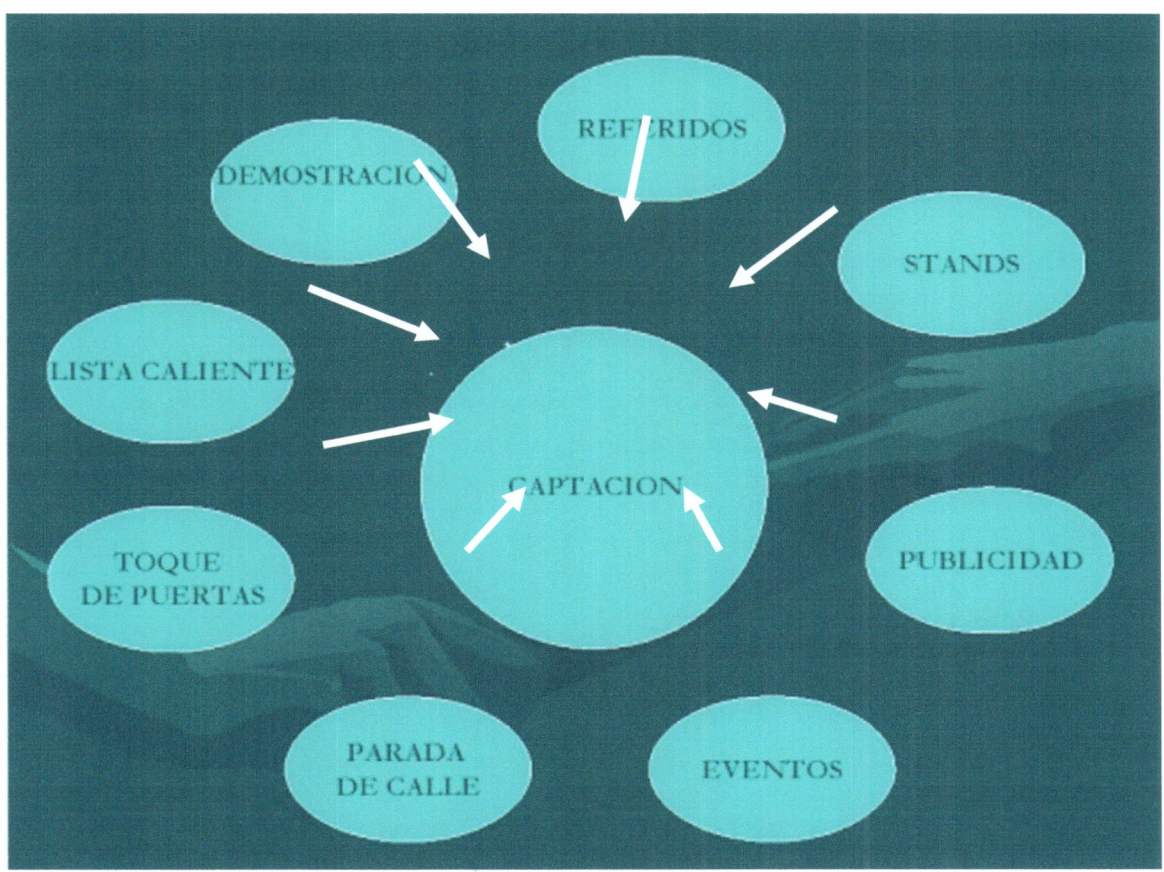

Figura 2. Diversas Estrategias de Captación

Lista Caliente: Son aquellas personas de nuestro entorno familiar, laboral y personal. Utilizar la lista caliente tiene la ventaja del acceso inmediato a las personas por la relación existente, información disponible, etc. Es utilizada con preferencia en la venta directa para artículos de uso personal y por venta directa por empresas con esquemas de multinivel.

Demostración: Consiste en realizar una actividad demostrativa o informativa de los beneficios de los productos bien sea en sitios públicos o privados. La reunión o junta casera, también conocida como "party plan" es una actividad perteneciente a este género, mediante el cual se accesa al círculo inmediato de la persona que organiza esta actividad.

Referidos: Son aquellas personas que en opinión de otras pueden estar interesadas en nuestros productos y servicios.

Stands: Como su nombre lo indica son mostradores ubicados estratégicamente con la finalidad de atraer personas a los productos y servicios, permitiendo informar y/o demostrar los beneficios de los productos y servicios ofrecidos.

Publicidad: Consiste en la utilización de medios impresos, radioeléctricos, radiofónicos, vallas, murales, Internet para la promoción de los beneficios de los productos y servicios.

Eventos: Consiste en actividades públicas relacionadas con el uso y beneficios de los productos o servicios ofrecidos. Se caracterizan por su relativa gran escala y están dirigidas a un determinado tipo de público objetivo.

Parada de Calle: Consiste en ubicarse estratégicamente en un lugar de relativo alto tránsito de personas con la finalidad de ofrecer el beneficios de los productos. Puede apoyarse en el uso de volantes y encuestas.

Toque de Puertas: Consiste en el toque de puertas del vendedor clásico, ofreciendo el beneficio de los productos y promociones para incentivar el cierre. Puede apoyarse en el uso de volantes y encuestas y al igual que la parada de calle.

3.2.- Prospección

Es el proceso mediante el cual el cliente es escogido de tal forma que minimice su resistencia a la acción de ventas -*para evitar el dolor por no disponer del beneficio del producto al presentarse la necesidad*- o para acercarse al placer -*al disponer del beneficio del producto al presentarse la necesidad*- .

Vale la pena destacar que la venta profesional que trata este libro implica tener una ética de trabajo. El vendedor profesional es un facilitador de la toma de decisiones del comprador, NO es un manipulador. Vender con ética y manipular son excluyentes.

El sistema de venta profesional es amoral, es similar a un arma de fuego que se puede usar para salvar vidas o para quitar vidas. La moral pertenece a quien usa el arma. De forma similar, la ética corresponde al vendedor y a la empresa que representa.

3.2.1- Criterios de Prospección

La prospección implica escoger al potencial cliente en base a criterios que pueden ser demográficos, intereses personales, sector socioeconómico, sexo, edad ó criterios subjetivos como apariencia personal, vehículo que usa, lugares que frecuenta entre otros y que den un indicio de minimización de la posibilidad de objeciones a la compra del producto o servicio que se está ofreciendo.

Una buena prospección potencia la efectividad del trabajo, sobretodo en las últimas etapas del proceso de ventas que se describe más adelante, puesto que las evasivas más usuales son "no tengo el dinero ahora", o "necesito consultarlo", "no necesito el producto" o "ya tengo otro".

En una buena parte de los casos, la prospección se hace en forma subjetiva por no disponer de información previa del posible cliente.

3.3.- Sistema de Ventas

Un sistema de ventas es una metodología de trabajo utilizada por el vendedor para maximizar la posibilidad de compra por parte del prospecto de cliente. Es activa cuando el vendedor sale en busca del cliente y es pasiva cuando el vendedor espera que llegue el cliente para inicia la argumentación.

Sin embargo en ambos casos se puede utilizar el sistema de venta profesional. La venta activa tiene la ventaja de que es el vendedor quien controla el tiempo de trabajo. La venta pasiva tiene la ventaja de que el vendedor está a la espera de posibles clientes y generalmente implica un lugar destinado para tales fines.

3.4.- Manejo de Objeciones y Cierre

Por objeción se entiende la argumentación expuesta por un prospecto de cliente para no comprar el producto o servicio ofrecido. En cualquier parte del proceso de la venta, el cliente puede presentar objeciones.

Las objeciones deben considerarse como dudas por parte del potencial cliente y es algo natural en el proceso de ventas.

Usando el sistema de venta directa profesional que se describirá más adelante, el cliente de presentar objeciones sin basamento, inexorablemente caerá en contradicciones. Por ejemplo si el cliente presenta la objeción de que "no necesito el producto" cuando se está en la etapa de cierre, se expone a que el vendedor lo haga contradecirse a si mismo puesto que ya había aceptado las etapas anteriores donde era evidenciada previamente su necesidad.

Existe la posibilidad de que sea un cliente con un temperamento que no le permitía deshacerse del vendedor en las primeras etapas por la excesiva presión en la argumentación y en otros casos de que el vendedor saltara a una etapa subsiguiente del proceso de ventas sin haberse asegurado de la aceptación de la etapa anterior. La prospección persigue minimizar este tipo de rechazos.

Con el permiso del uso de este coloquialismo, es habitual encontrarse clientes de temperamento "guabinoso" [8] (venezolanismo) que afirman positivamente el interés en nuestros productos para luego dar citas, números de teléfonos y direcciones falsas o bien reiteradamente dan excusas o evasivas para cansar al vendedor.

Es por ello de importancia el manejo de herramientas del lenguaje verbal por parte del profesional de ventas y el conocimiento de los temperamentos de las personas, anteriormente tratados para minimizar la pérdida de tiempo .

Cuando se está refutando una objeción legítima es importante tener pleno dominio acerca del producto o servicio ofrecido y determinar si detrás de esta objeción hay un temor o duda por parte del cliente.

Como ejemplo real, cito el caso del comprador de un vehículo usado que había vendido mi hijo menor adolescente, quien unos días después de cerrar el trato, me llamó diciendo que iba a revertir el negocio exigiendo la devolución del dinero, argumentando que el vehículo tenía desperfectos ocultos del cual no tenía conocimiento cuando compró.

Cité al comprador del vehículo al taller donde trabaja su mecánico y al interactuar con ambos, me percaté de que lo que realmente tenía el cliente era una desconfianza en la operatividad del vehículo cuando lo había llevado a su mecánico de confianza para una revisión.

Fué entonces que rebatí la argumentación del mecánico dando argumentaciones de tipo técnico que demostraban mi conocimiento en la materia y al vez descalificando la argumentación del mecánico al pedirle razonamientos concretos sobre su apreciación negativa, quedando al descubierto que lo que había en el cliente era la duda sobre la garantía de operatividad del vehículo en el tiempo, luego de haber consultado a su mecánico.

Esto se subsanó con la proposición de realizar una inspección más detallada acerca del presunto daño que tenía el vehículo, dividir los gastos y proponer una garantía por escrito, salvándose así una venta que lucía perdida.

---

[8] Persona esquiva, que no sabe o tiene temor de expresar lo que realmente piensa

4.- El Sistema de Venta Profesional.

El sistema de venta profesional comprende un conjunto de acciones organizadas para maximizar la posibilidad de compra del producto o servicio por el prospecto de cliente.

En sentido amplio comprende las siguientes fases :

4.1 - Fase de Captación

En esta fase se detectan las personas o instituciones que pueden ser los potenciales usuarios de nuestros productos y servicios. En el caso de prestar servicios a un empresa o institución donde entre los clientes existen empresas e instituciones, esta lista es entregada al vendedor. En el caso general, debe haberse usado uno o una combinación de los métodos de captación anteriormente expuestos para la generación de la lista de potenciales clientes.

4.2 - Fase de Prospección

Hacemos una selección de los potenciales clientes para nuestros productos o servicios en base a alguno de criterios de prospección expuestos. En caso de prestar servicios a una empresa o institución cuyos clientes sean empresas o instituciones, la lista por lo generla ya ha sido prospectada.

4.3 - Fase Informativa

El vendedor obtiene la mayor información posible sobre el nuevo contacto como sus características, necesidades, comportamiento de compras. Esta información es posible obtenerla por intermedio de otros proveedores y conocidos. En el caso de vendedores cuyos clientes sean frecuentemente nuevas personas, esta fase debió haberse agotado durante la captación y en caso de no haber sido posible deberá considerarse en el primer contacto.

4.4 - Venta de Imagen

En esta fase el vendedor se reúne por vez primera con el cliente y el mayor objetivo es venderse a si mismo intentando lograr empatía, confianza, proyectar seguridad, experticia y todo aquello que lo ayude a posicionarse positivamente a los ojos del cliente.

La gente le compra a empresas e individuos que considera (muchas veces subjetivamente) "importantes", "sólidas", "buenas", "de prestigio", "reconocidas", etc. y la puerta de entrada es la imagen que transmite el vendedor.

Genéticamente, la gente se siente atraída por personas que considera iguales o más importantes. El vendedor profesional debe proyectar la mejor imagen posible para poder ser capaz de atraer a la gente. Los 10 primeros segundos en que el vendedor está frente a un potencial cliente, son determinantes en la formación de su imagen.

La imagen debe ser pertinente al momento y lugar donde es abordado el potencial cliente. Simultáneamente debe indagar mayor información del cliente por medio de la conversación, aspecto del lugar de reunión, etc. que ayude a orientar la demostración de ventas. En el caso de vendedores que trabajen frecuentemente con nuevas personas, es importante considerar este punto durante la captación y los determinantes en la decisión de compra expuestos en el punto 2.9

4.5 - Venta de Ideas.

Como se expuso anteriormente en el apartado 2.7.1 hay dos tipos de motivaciones que influyen en la actuación de las personas. 1.- "Acercarse al placer "y 2.- "Alejarse del dolor". La gente se siente atraída por lo que le gusta y rechaza lo que le desagrada.

Al tener en cuenta el "paradigma de la emoción" expuesto en el apartado 2.5, el vendedor debe concientizar al cliente haciéndole pensar en una necesidad no satisfecha la cual puede ser cubierta por nuestro producto o servicio, bien sea haciéndole pensar en los beneficios del producto (servicio) para cubrir esa necesidad, o de las consecuencias desagradables de no cubrir esa necesidad al no disponer del producto (servicio)

Un ejemplo ilustrativo es el caso de una conocida compañía de seguros venezolana que coloca en sus comerciales de TV a un destacado locutor que dice: "Es mejor tenerlo y no necesitarlo (refiriéndose a una póliza de seguros) que necesitarlo y no tenerlo". Allí se está haciendo consciente al espectador de las desagradables consecuencias de no disponer de una póliza de seguro ante un siniestro.

Una vez que el cliente tenga conciencia de que tiene una necesidad no satisfecha, pensará en como cubrirla. He allí donde el vendedor pasará a ofrecer sus productos o servicios.

4.6. - Venta de Producto ó Servicio.

Es aquí donde se presenta el beneficio de disponer del producto o servicio para cubrir la necesidad no satisfecha del cliente.

En esta etapa el cliente está atento a entender como el producto o servicio ofrecido por el vendedor, le beneficia ante la necesidad puesta a flote en la etapa anterior. Una vez que el vendedor evidencie como el producto satisface esa necesidad, el cliente "creerá" en el producto o servicio ofrecido.[9]

Como consecuencia de ello, el cliente deseará poseerlo.

Es muy importante el dominio del conocimiento del producto o servicio por parte del vendedor por las siguientes razones que se enumeran:

1.- El conocimiento del producto es un elemento fundamental para generar la actitud de entusiasmo por el vendedor.

2.-El conocimiento del producto produce una actitud valerosa por parte del vendedor. "El único vendedor que teme las preguntas por parte del cliente es aquel que no conoce las respuestas". El temor que paraliza a los principiantes y a algunos vendedores expertos es la posibilidad de que el prospecto de cliente les haga preguntas que no pueda contestar.

3.-El conocimiento del producto proporciona la satisfacción personal de saberse experto en algo.

4.-El conocimiento del producto hace que se pueda hablar con seguridad ante expertos en la materia como los son profesionales y agentes de compras.

5.-Se necesita el conocimiento del producto para poder contestar con objetividad las objeciones de los clientes. Muchas veces es necesario conocer los productos de la competencia para poder rebatir las objeciones y no perder la venta.

6.-Cuanto más conozca el producto, mas beneficios descubrirá para sus clientes así como nuevos elementos de persuadirlo de sus ventajas.

7.-El conocimiento del producto, le ayudará a luchar con eficacia ante la competencia. ¿De qué le servirá decirle a los clientes que su producto es mejor que otros si no puede demostrarlo?.

8.-Conocer el producto mejora la seguridad en si mismo.

9.-Conocer el producto ayuda a ganar la confianza del potencial cliente.

Se ha calculado que en el 75% de las ventas al detal, los compradores conocen mejor el producto que los vendedores.[10]

Una de las recomendaciones que hacen las empresas de venta directa por el sistema de multinivel es que se usen los productos, ya que el uso de los mismos da la elocuencia

---

[9] En el apartado 2.6 se abordan los cuadrantes de la emocionalidad y la razón.
[10] Percy H Whiting " Las 5 grandes reglas de la venta" , 10ºedición Edit Omega

necesaria al vendedor (mayoritariamente no profesional) para la argumentación de sus beneficios ante el potencial cliente y usuario.

4.7 - Venta del Precio.

En esta etapa debe justificarse el precio del producto o servicio y de haber diversidad de productos o servicios que cubran la necesidad del cliente hecha patente en la etapa anterior, debe comenzarse la exposición de la alternativa de productos de mayor precio a alternativas de menor precio. Es importante no exponer demasiadas alternativas puesto que hace más difícil la elección.

De haberse realizado una buena prospección y considerado los factores determinantes en la decisión de compra expuestos en el apartado 2.9, se llegará a un precio que pueda accesar el cliente.

4.8 - Cierre de Ventas.

La objeciones pueden presentarse en cualquier fase del proceso de ventas. Deben entenderse que son dudas del cliente y tomarse como algo natural durante el proceso de exposición. De haberse seguido las etapas anteriores, se habrán rebatido apropiadamente las objeciones que se hubiesen presentado.

El cierre es la conclusión de toda gestión de ventas por lo que es el paso más importante y decisivo el cual requiere tacto, talento y profesionalismo.

En esta etapa se persigue la compra del producto o servicio por parte del cliente. Para que ello ocurra además de que el cliente necesite el producto o servicio, lo pueda pagar y que el vendedor no tenga temor de solicitar el pedido del cliente.

Durante toda la exposición el vendedor debe estar atento a las señales de compra del cliente, intentando hacer el cierre al percibirla so al rebatir objeciones. Entre las señales de compra están el lenguaje corporal y algunas objeciones. De acuerdo al temperamento del cliente, es posible que este no consiga la forma de deshacerse del vendedor al no poder comprar. Es por ello interesante conocer acerca de los temperamentos [11]de las personas para utilizar una estrategia de cierre.

Seguidamente se enumeran 10 tácticas de presión para facilitar el cierre de la venta:

1-Hacer preguntas formuladas de tal forma que sea difícil una respuesta negativa.

Ejemplo: ¿No le gustaría tener mayor salud?

---

[11] En el apartado 2.3 se aborda ampliamente el tema de los temperamentos.

2.-Levantamiento de Barreras, es decir hacer preguntas o dar explicaciones a lo largo de la presentación para que el cliente no utilice razones o argumentaciones para no comprar.

Ejemplo: ¿Si el producto está dentro de su capacidad de presupuesto, consideraría comprarlo?

Ejemplo: ¿ Ud. como persona responsable,¿ tomaría una decisión que beneficie a su familia?

3.- Reducir las Opciones Disponibles.

La consideración de muchas opciones simultáneas hace difícil la decisión del cliente. Siempre que sea posible no se debe presentarse múltiples opciones que compliquen la decisión de compra.

Ejemplo: Si representamos a una empresa de cosméticos que ayudan a la limpieza facial y esta presenta múltiples opciones, solo ofrecer 2 alternativas, la mas barata y la mas cara.

4.- Intentar el cierre en base a un detalle del producto y no en base a un factor más importante.

Ejemplo: ¿Si le encuentro el color de su preferencia, se lo puedo traer mañana?

5.- Intentar el cierre con una única alternativa.

Ejemplo: Sólo tenemos para entrega inmediata de color azul marino.

6.- Utilizar ideas que sugieran escasez, aumento de precios y promociones especiales.

Ejemplo: Nos queda un contrato institucional con baja inicial y financiamiento a 24 meses que sobró de una promoción al personal del parque botánico y que puedo ofrecérselo hasta hoy antes de devolverlo a la compañía..

Ejemplo: La próxima semana se tiene previsto un aumento del 20% al 50%. Si firma el pedido hoy le mantendré el precio por 3 días para que busque la inicial.

7.- Solicitar expresamente el pedido.

Ejemplo: ¿Sr X, que hace que no tome la decisión ahora si puede hacerlo?

Ejemplo: ¿Va a pagar con cheque o en efectivo.?

Ejemplo: ¿Va a comprar 5 o 10 unidades?.

8.- Formular una pregunta con dos alternativas.

Ejemplo: ¿Cual le gusta, el de color azul o el de color verde?

Ejemplo: ¿Prefiere que se lo enviemos a su oficina o en su casa?

9.- Hacer una narración de la experiencia de otro cliente.

El Sr Y tenía el problema de que todas las semanas se le pinchaba un neumático convencional al pasar un hueco y desde que usa los nuestros no le sucede.

10.- Contarle que algunas veces cuando tenia que comprar algo que cuya decisión le parecía difícil, tomaba una hoja de papel y dibujaba una T colocando en el lado izquierdo las razones para disponer el producto y en la otra las razones en contra. El vendedor comenzará a enumerar las razones de disponer del producto entre ellas los beneficios, dejando que el cliente enumera sus razones en contra y estar atento a poder rebatirlas.

A todas las personas le gusta comprar, pero a pocas les gusta que le vendan en forma imprevista Hoy en día ante tantas opciones de compra que disponen los compradores , la presencia de vendedores en la calle y la falta de ética de algunos, la existencia de empresas de dudosa reputación ha requerido que la fuerza de ventas se profesionalice.

Son muchos los casos de empresas que pierden a sus clientes cuando deserta algunos vendedores de su fuerza de ventas, ya que el cliente con mucha frecuencia a quien el compra es al vendedor y no a la empresa que representa.

5.- Elementos del Trabajo de Calle

Para el desarrollo exitoso de su actividad profesional, el vendedor debe tener una fortaleza mental, emocional y espiritual que le blinde ante los rechazos de las personas. He aquí algunos principios que enfocan el trabajo de calle.

5.1.- Principio de la Concentración

Este principio establece que no todas las personas son clientes potenciales de nuestro producto o servicio, por lo cual enfoca la acción de ventas hacia una población que cumple cierto criterio mínimo de aceptación del cual se presume que es cliente potencial.

CAPTACION => PROSPECCION=> PROCESO DE VENTAS.

Las personas captadas como potenciales clientes, pasan por un "filtro" establecido por el criterio de prospección, entendiéndose como prospección " escoger al potencial cliente de tal forma que se resista lo menos posible a la acción de ventas (evitar el dolor por el beneficio de la compra del producto o se sienta fuertemente atraída por el placer de disponer del beneficio del producto).

Este principio concentra los esfuerzos de la fuerza de ventas hacia aquellas personas con más posibilidades de convertirse en clientes de nuestro producto o servicio.

5.2.- Ciclo de la Siembra y la Cosecha

Este principio metafóricamente queda establecido como la ley de la siembra y la cosecha es decir parte de que lo que siembras hoy será cosechado mañana y que al igual que las plantas, las personas tienen un periodo de decisión de compra del producto que varía de una a otra.

La cosecha de la caraota es distinta a la de patilla y auyama. El tiempo para sembrar una planta varía con la época del año. Todo ello se rige por un ciclo. Algunos productos están influidos por un componente estacional. Los clientes que "cosechas" hoy son los que "sembraste" ayer, los que "cosecharás" mañana serán los que "siembres" hoy.

5.3.- Pagar el Precio de Lograr un Objetivo.

Toda meta u objetivo en la vida, requiere un esfuerzo para alcanzarlo. Muchas veces el camino a la meta está plagado de obstáculos. Si fuera muy sencillo, todo el mundo sería un excelente vendedor. Para serlo hay que "pagar el precio" de vencer los sucesivos obstáculos. El éxito es la conjugación de la preparación seguido de la acción. Se puede tener grandes objetivos, se puede tener una enorme preparación, pero sin la acción no se lograrán alcanzarlos.

La acción es la actividad deliberada para lograr resultados. Es allí donde la mayoría de las personas necesitan fortalecer habilidades de su ser interior. Para ello hay que: Vencer Miedos , Prejuicios y desmontar Paradigmas

5.4.- El Cansancio Emocional

Nuestra forma de ser es producto de las vivencias, influencias y aprendizajes desde nuestra temprana infancia. Muchas de ellas quedan grabadas en lo más profundo de nuestro subconsciente modelando nuestra actitud ante ciertas situaciones sin estar conscientes necesariamente de ello.

Muchas veces nos sentimos mal, inútiles, torpes, tontos, inseguros o presas de lo que más tememos, al compararnos con las otras personas o al confrontar opiniones de estas.

Actuamos en esos casos con una fuerte necesidad de aceptación, sintiéndonos mal cuando nos hacen un rechazo. Cuando vivimos esperando la aceptación de los demás, accionamos actuando de forma que nos acepten, cada rechazo es un objetivo no logrado. Se produce una fuerte contradicción interior porque nos damos cuenta que con la actitud con que actuamos sentimos que "esa persona no soy la que quiero ser yo", produciéndose la correspondiente frustración.

En las actividades donde hay la necesidad de interactuar con otras personas, la carga emocional producida por el rechazo, tiene más influencia que la carga física del trabajo en si. La carga emocional es potenciada por nuestros miedos y necesidad de aceptación lo cual modela nuestra actitud.

En actividades de ventas directas por autogestión, las personas que han tenido éxito, son aquellas quienes entre otros factores han podido vencer sus miedos y eliminado esa fuerte necesidad de aceptación u aprobación para no lastimar su ego.

 A los novatos en estas actividades, se les describe el paso de esta experiencia con la frase "Tienes que pagar el precio. Sólo los que han tenido el valor de pagar el precio, han logrado el éxito."

Este precio tiene el cansancio físico producto de la actividad misma, que cada día desaparece con el descanso, no así con la "carga" emocional, la cual permanece, se acumula y que al llegar a cierto nivel -el cual depende de las características emocionales de cada persona- hace que abandone la actividad, se dé por vencida , asumiendo como verdad indiscutible que "no sirve para eso", o es un ser "inútil", es "algo imposible",etc., fortaleciendo aun más su debilidad emocional.

5.5.- Vencer Miedos y Desmontar Paradigmas

Hay autores que tratan el "Ego" desde el punto de vista de vivencias pasadas, indicando que nuestra mente está condicionada por nuestro pasado y las personas que influyeron en nuestra formación., confundiéndose nuestro "yo" con la actividad de nuestra mente influenciada por nuestros miedos y paradigmas por lo cual solo se preocupa por nuestro pasado y futuro, distorsionando nuestra percepción.[12] En el cristianismo, en referencia al doblegamiento del Ego se enseña a imitar el modelo del carácter de Cristo el cual se aproxima la a siguiente descripción:

Es amoroso.

Es misericordioso.

Es confrontador.

Es sacrificial.

Es justo.

Es incondicional.

Todo lo cree.

Todo lo olvida.

Todo lo perdona.

Al aceptar el carácter de Cristo, nuestro Ego es doblegado y su influencia no nos perturba negativamente, sin perder la identidad de nuestro 'Ser" y sin ser manipulado por otras personas.

En la literatura clásica de ventas encontramos la siguiente cita inspiradora:

"Me reiré del mundo...

...¿Y cómo me reiré cuando me confronta un hombre o acciones que me ofenden y que provocan mis lágrimas y maldiciones? Tres palabras aprenderé a repetir hasta que se conviertan en un hábito tan fuerte que inmediatamente aparecerán en mi mente siempre que el buen humor amenace apartarse de mi. Estas palabras, transmitidas por los antiguos, me harán triunfar en la adversidad y mantendrán mi vida en equilibrio. Estas tres palabras son: Esto pasará también.

---

[12] Eckhart Tolle, "El Poder del Ahora"

… Porque todas las cosas mundanales cesarán, cuando me sienta profundamente acongojado me consolaré que esto pasará también; cuando me sienta orgulloso del éxito, me advertiré que esto pasará también. Cuando me sienta oprimido por la pobreza me diré que esto pasará también; cuando esté agobiado de riquezas recordaré que esto pasará también.

Ciertamente, ¿dónde está aquel que edificó la pirámide? ¿No está sepultado dentro de sus piedras? ¿Y la pirámide algún día no estará sepultada bajo la arena? ¿Si todas estas cosas pasarán, porque debo preocuparme del hoy?"…

"De aquí en adelante consideraré el esfuerzo de cada día como un golpe de la hoja del hacha contra un poderoso roble. El primer golpe quizá ni cause temblor en el árbol, ni el segundo ni el tercero. Cada golpe en sí mismo quizá sea insignificante y al parecer sin consecuencia. Y sin embargo como resultado de golpes endebles, el roble finalmente se tumbará. Y así será con mis esfuerzos de hoy. Se me comparará con las gotas de lluvia que finalmente se llevan la montaña; la hormiga que devora al tigre; la estrella que ilumina la tierra; el esclavo que construye una pirámide.

Edificaré mi castillo usando un ladrillo por vez porque yo sé que los pequeños intentos, repetidos, completarán cualquier empresa."

"Seré feliz, tendré éxito, seré el mas grande vendedor que el mundo ha conocido"[13]

5.5.1.- Enfoques Analíticos

La Programación Neurolingüística (PNL) ofrece diversas herramientas para cambiar actitudes, vencer fobias, miedos a través de técnicas especializadas. En este campo los "Practitioners" son aquellas personas debidamente entrenadas en PNL con suficientes habilidades para modelar o forzar cambios de actitud en forma deliberada.

"Si bien tan solo una de cada diez personas sufren de una fobia grave, todos nosotros albergamos miedos que nos impiden dar lo mejor de nosotros mismos y nos frenan en la vida. Ya sea miedo a hablar en público, temor a ser rechazado al solicitar una cita, pánico ante el encuentro o ante una venta en frío, cada uno de nosotros tiene miedos que no se corresponden con el peligro real de la situación.

Puesto que todos hemos sufrido miedo en alguna ocasión, estarás probablemente bien familiarizado con las sensaciones de ansiedad, pánico o incomodidad que suelen acompañar a dicho estado mental. Lo que quizás desconozcas es que hay modos de substituir esos miedos , el incluso la falta de confianza, por la capacidad de actuar cómodamente"

---

[13] "El Vendedor más Grande del Mundo", Pergamino nro 7, Og Mandino.

" La mayoría de las personas jamás ha imaginado que pudieran cambiar tan fácilmente sus emociones sobre las cosas, especialmente mediante un proceso tan sencillo como el de modificar las características de sus imágenes mentales. Pueden imaginar que cambian de vestido, de coche, e incluso de trabajo o de ciudad en la que viven, pero la mayoría no yan solo habrá considerado jamás que pudiera modificar deliberadamente su mente."[14]

6.- Nuevas Tendencias en Ventas: Captación por Atracción

De la industria de la venta directa por sistema de multinivel ha surgido un modelo de captación denominado "Captación por Atracción".

Esto se origina por el hecho de que la mayoría de la fuerza de ventas de las compañías son personas con poca o ninguna formación en venta directa, lo magnifica el rechazo por parte de los potenciales clientes de los productos o de la oportunidad de negocios al no utilizar un esquema organizado.

Algunos autores han expuesto un sistema de trabajo que permite que en vez de estar buscando personas para venderle los productos u oportunidad de negocios , estas busquen a los vendedores usando un sistema de mercadeo por atracción basado en 7 leyes o principios de captación.

Este sistema es aplicable tanto en sistemas de venta directa tradicional , como en sistemas de venta directa por multinivel. El desarrollo de las tecnologías Web 2.C[15] ha logrado una implementación masiva en el mercadeo por internet.

Sin embargo el Mercadeo por Atracción no está limitado a la web y es perfectamente aplicable en la práctica diaria mediante los métodos convencionales de captación.

6.1.- Leyes de la Captación por Atracción

El propósito fundamental de la captación por atracción es desarrollar un "Branding" o renombre de la persona o empresa. Significa adquirir renombre por referencia de otras personas. La gente tiende a atribuir mayor credibilidad mientras más personas recomienden al profesional o institución de renombre.

Se apoya a través de los principios de la prospección por Atracción

6.1.1.- Ley del Poder de la Comunicación:

Quien encuentra a alguien primero tiene mucha importancia en el proceso de venta. Esta ley establece que quien inicia el contacto, le da el poder al otro de que lo acepte o rechace. Cuando se es contactado por otra persona, se es percibido con poder y valor

---

[14] PNL, La Nueva Tecnología del Éxito, Steve Andreas y Charles Faulkner, Edit. Urano, pág. 13 y 14
[15] Tecnologías interactivas como el Blog y las Redes Sociales tales como Facebook y Twitter entre otras lo cual ofrece una implementación con precisión "quirúrgica"

dando mayor autoridad a nuestra opinión y recomendación. En los sistemas de mercadeo por atracción se implementa un sistema de permita ser contactado por otros. En la captación tradicional los eventos, charlas informativas, cursos, stands y cualquier medio de captación que permita ser contactado por otras personas hace uso de esta ley.

6.1.2.- **Ley de la Asociación:**

Esta ley contempla que la gente genéticamente se siente atraída por personas que son percibidas con igual o mayor status. Si una persona se relaciona con otra de mayor status, su valor o status automáticamente se incrementa a los ojos de los demás.

Por otra parte el ser humano intuitivamente rechaza personas con aspecto de problemas económicos, mala apariencia, enfermedades y se siente atraída por gente reconocida, de buena salud, belleza personal, buena apariencia personal, buen carro y buenas prendas de vestir. En la captación tradicional, los eventos, charlas y cursos donde estén presentes instituciones o personas con relativo mayor status y apariencia que el promedio del público objetivo, tienen mayor capacidad de captación que aquellos que no lo hacen.

6.1.3.- **Ley de la Determinación de las Decisiones**

L a gente actúa en base a evitar el dolor o a obtener placer. La personas compran primero lo que desean y luego lo que necesitan, justificando luego su acción de compra. Esto fue explicado en el apartado 2.5. Cuando los prospectos dicen NO es porque el placer percibido de lo que ellos pudieran obtener al comprar el producto o servicio no justifica su valor de uso expuesto en el apartado 2.9.1.

En todo momento deben destacarse los beneficios del producto o servicio y no sus características ya que el público decide en base a lo que le beneficie. Luego se mencionan los argumentos para que justifiquen en forma racional su decisión de comprarlo para evitar el "remordimiento del comprador".

En un evento donde se desea vender un producto para bajar de peso al disminuir el hambre y atrapar grasa, debe exponerse en términos de beneficios para el usuario tal como:

"Baja 3 kg de Peso sin hambre y sin ejercicios en 21 días". A la gente más le interesa el beneficio que las características del producto.

6.1.4.- **Ley del Mínimo Esfuerzo.**

La mayoría de las personas son flojas, les gusta lo más fácil, lo más barato, lo más rápido. Las personas compran esperanzas, piensan que el éxito, el logro de resultados, está fuera de ellas y por ello están inclinadas a adquirir productos o servicios que les ayude a obtener los beneficios con el mínimo esfuerzo posible.

El beneficio mencionado de "Baja 3 kg de Peso sin hambre y sin ejercicios en 21 días" al cumplir con esta ley, atraerá el interés de la mayoría del público objetivo.

6.1.5.- Ley del "Saber Como Hacer"

La mayoría de la gente piensa que aprender "como hacer algo" hará que ellos también lo hagan minimizando psicololológicamente el esfuerzo necesario. En el ejemplo del beneficio de " Baja 3 kg de Peso sin hambre y sin ejercicios en 21 días" la mayoría omite la disciplina requerida de tener que tomar el producto como se indica durante 21 días, lo cual para muchas personas la falta de disciplina y hábitos estará en contra. Es allí donde el expositor en virtud de su conocimiento y experticia (atribuidos por el público objetivo) luego de explicar como obtener los beneficios ofrecidos y ofrecer los argumentos racionales que justifiquen la compra.

6.1.6.- Ley de la Recomendación Social:

Las personas se dejan llevar por la opinión de la mayoría. El uso de estadísticas, sondeos de opinión, testimonios, etc donde se refleje una opinión percibida como de la mayoría en apoyo a nuestro producto, servicio o persona , ayudará a que se le atribuya un mayor valor o status.

En nuestro evento donde se expone el beneficio de " Baja 3 kg de Peso sin hambre y sin ejercicios en 21 días", el uso de pendones donde se muestren usuarios satisfechos, estadísticas de cantidades vendidas en un período determinado, opinión de alguien influyente, carrousel de video de TV con testimonios, personas tomando el producto, etc, dará mayor a nuestro producto o servicio.

6.1.7.- Ley de "Dar y Recibir".

Siempre que nuestro producto, servicio, conocimiento, pueda ofrecer **dar** una muestra gratuita sin esperar recibir nada a cambio, se permitirá valorar los beneficios de nuestro producto o servicio por el potencial cliente, dando mayor oportunidad de ser deseada su compra al comprobarse sus beneficios. Adicionalmente se tendrá el agradecimiento del cliente potenciando la compra y la recomendación a su entorno.

La venta es una combinación de arte y ciencia. La ciencia con sus descubrimientos y avances ha traspasado al plano metodológico algunos conocimientos considerados anteriormente parte de un arte. Cabe imaginarse como será la tecnología de las ventas a finales del siglo XXI.

Simón Castillo